AF595156

BIBLIOTHEQUE
D'ANTHROPOLOGIE CRIMINELLE ET DES SCIENCES PÉNALES

L'ANTHROPOMÉTRIE JUDICIAIRE
A PARIS EN 1889

INSTALLATIONS ET PLANS DES LOCAUX
RÉCENTS PERFECTIONNEMENTS
UNE EXPÉRIENCE DE SOCIOLOGIE BUREAUCRATIQUE

(avec 4 planches)

LYON
A. STORCK, Éditeur
78, rue de l'Hôtel-de-Ville

PARIS
G. STEINHEIL, Éditeur
2, Rue Casimir-Delavigne

1890

L'ANTHROPOMÉTRIE JUDICIAIRE A PARIS

EN 1889

Les *Archives de l'Anthropologie criminelle* ont pris soin de tenir leurs lecteurs au courant du fonctionnement et des progrès de la méthode des signalements anthropométriques appliquée à la reconnaissance des récidivistes.

Une conférence sur les principes généraux du procédé faite par l'inventeur M. Alphonse Bertillon à l'avant-dernier Congrès pénitentiaire (Rome, nov. 1885) a paru intégralement dans un des premiers numéros des *Archives*.

Le 15 mars 1888, nous avions l'occasion d'insérer un rapport administratif sur *le fonctionnement du service des signalements anthropométriques* pendant les trois années qui venaient de s'écouler. Ce travail, outre les résultats statistiques qu'il contenait, complétait l'étude précédente sur quelques points techniques.

Depuis, le succès de la méthode a toujours été en s'accentuant. On peut dire qu'elle est passée maintenant à titre définitif dans les usages pénitentiaires. Tous les individus détenus dans les prisons de France, d'Algérie de Tunisie et des Colonies y sont soumis. La plupart des pays étrangers, ou l'ont adoptée, ou l'étudient en vue d'une prochaine adoption.

Le titre et la spécialité de cette revue ont souvent amené des savants ou des administrateurs étrangers à s'enquérir auprès de nous des détails de son organisation : Texte des circulaires administratives s'y référant en France et à l'étranger ; questions budgétaires ; bibliographie spéciale, dernières modifications que l'expérience a fait adopter aux instruments et à la manière de s'en servir, etc.

Les pages suivantes répondront, autant que faire se pourra, à ces différentes questions. Les renseignements que nous y donnons et dont nous garantissons l'exactitude, ont été empruntés en partie aux documents anthropométriques officiels exposés au Champ de Mars soit dans le pavillon de la ville de Paris, (Préfecture de police), soit dans la Galerie des Arts libéraux (Ministère de l'Intérieur — Section de l'Administration pénitentiaire). Mais notre principale source d'information sera encore la communication verbale faite par M. Alphonse Bertillon dans les bureaux mêmes du service anthropométrique de Paris aux membres des congrès d'Anthropologie criminelle et de Médecine légale, réunis successivement à Paris, durant l'Exposition, en août 1889.

1° *Emplacement et distribution des salles d'anthropométrie.*

Le service de la mensuration des détenus est centralisé à Paris, à proximité du Dépôt de la Préfecture de Police.

Ce dernier établissement aménagé dans les cours et sous-sols du Palais de Justice est moins une prison qu'un vaste poste central, où les voleurs, mendiants, vagabonds, etc., arrêtés depuis la veille, soit à Paris, soit dans le département de la Seine, attendent leur comparution devant la Justice.

Tous les pensionnaires des prisons du département de la Seine, jugés et condamnés par les tribunaux de Paris, commencent donc par traverser le Dépôt. Il n'y a guère d'exception que pour les sujets cités devant les tribunaux *en état de liberté* pour de légers délits, et condamnés à quelques jours de prison. Cette catégorie ne contient que bien rarement des malfaiteurs de profession.

On a dit beaucoup de mal de l'aménagement intérieur du Dépôt, qui a, d'ailleurs, été grandement amélioré. On ne saurait, par contre, trop apprécier les avantages que la Justice et la Police tirent de cette centralisation momentanée des prévenus, au point de vue de la hâte et de la correction de l'Instruction judiciaire.

Le séjour dans ces lieux ne doit pas dépasser 24 heures. C'est durant ce court intervalle qu'il doit être procédé au *bertillonage* (pour nous servir de l'expression synthétique du Professeur Lacassagne), des 100 à 150 individus arrêtés chaque jour. Bien plus, il importe pour ne pas gêner la marche des opérations de la Justice que tous les détenus à examiner le soient avant l'heure de l'ouverture des cabinets d'instruction et des tribunaux correctionnels, c'est-à-dire, avant midi. Le service spécial ne dispose donc en réalité chaque jour que de 3 à 4 heures pour la mensuration proprement dite, de cette masse d'individus.

Il est difficile de concevoir un emplacement mieux approprié au but poursuivi, que les locaux occupés par le service d'identification. L'installation est d'ailleurs toute récente. Une plaque commémorative nous apprend que l'inauguration en a eu lieu le 15 février de l'année dernière, en présence de M. Lozé, Préfet de Police, et de M. Léon Bourgeois, alors sous-secrétaire d'État au ministère de l'Intérieur. Les travaux d'appropriation ont été effectués sous la haute direction de M. Daumet, membre de l'Institut, architecte du Palais de Justice, et de M. Louvard, chef de bureau des travaux d'architecture de la ville de Paris.

La promixité du dépôt, la distribution des pièces, la spécialisation de l'ouvrage de chaque agent assurent à la formalité anthropométrique le maximum de célérité. Nous allons en examiner l'organisation en nous aidant du plan (*Pl. I*).

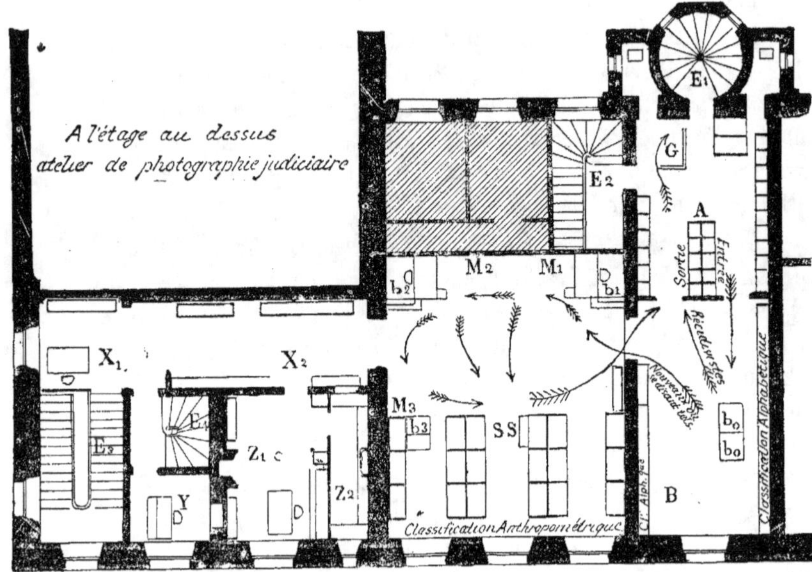

Planche I

Plan des locaux occupés au Palais de Justice par le service des signalements anthropométriques de la Préfecture de police.

A. — *Salle d'attente.*

Stalles d'attente. — *G.* garage pour une colonne de six détenus prêts à être réintégrés. — E_1 escalier conduisant au dépôt. — E_2 escalier pour la conduite des détenus à l'atelier de photographie judiciaire, situé à l'étage au-dessus.

B. — *Salle de la classification alphabétique.*

Casiers de classification. — b_0 et b_0 bureaux des secrétaires qui identifient les récidivistes ne dissimulant pas leur nom.

Salle de la classification anthropométrique.

M_1, M_2, M_3, ateliers de mensuration, b_1, b_2, b_3, bureaux des secrétaires; *SS* emplacement ordinaire du brigadier chargé des recherches anthropométriques.

Dépendances.

E_3, entrée officielle du public; escalier, dit des appels correctionnels, aboutissant, dans l'autre sens, à *la galerie neuve de la Sainte Chapelle.* E_4, escalier réservé pour monter aux ateliers de photographie; X_1, X_2, vestibule et couloir; *Y*, bureau du brigadier comptable de la photographie; Z_1, Z_2, bureau et laboratoire particuliers du chef du service.

Les détenus extraits de la prison du dépôt par bande de cinq ou six sous la conduite de gardes municipaux, sont amenés directement, au moyen de l'escalier en spirales E_1 au service d'identification qui est situé dans les étages supérieurs des mêmes corps de bâtiment.

A leur entrée dans la salle *A*, ils prennent place dans les vingt-six petites stalles carrées accolées au mur et le long d'une travée médiane, et s'y déshabillent en partie, ne gardant que la chemise et le pantalon. Chacun accroche les habits qu'il vient de quitter au porte-manteaux de sa stalle et s'y asseoit en attendant son tour ; les montants verticaux de $1^{m}50$ de haut, qui séparent chaque place, empêchent la confusion des effets et permettent à celui qui le désire, de s'isoler de ses voisins en attendant le moment de passer dans la salle *B*.

Les casiers qui garnissent cette seconde pièce jusqu'au plafond, contiennent le classement alphabétique des noms de tous les individus mesurés avec le relevé de leur signalement anthropométrique.

Ces indications inscrites sur des fiches individuelles de $142^{mm}/160^{mm}$ sont rangées dans de petites boîtes mobiles, appelées cabriolets (1), qui portent sur leur montant antérieur l'indication des premières lettres du dernier nom contenu dans chaque boîte.

C'est dans cette pièce *B*, que se fait le premier tri. Les récidivistes qui reviennent sous leur véritable état civil, (ils forment à eux seuls près de la moitié des arrestations de chaque jour), ne vont pas plus loin. La plupart d'entre eux ayant déjà subi la formalité de la mensuration, et n'ignorant pas que leur

(1) Le mot de *cabriolet* employé dans le sens de petites boîtes à fiches, ne figure à notre connaissance, sous cette désignation spéciale, dans aucun dictionnaire. C'est exclusivement un mot d'argot bureaucratique, provenant vraisemblablement de ce qu'à l'origine ces boîtes se fermaient au moyen d'un couvercle à charnières articulé au montant du fond, ce qui permettait de les découvrir et de les recouvrir, comme de la capote d'une *voiture-cabriolet*. Toutes les boîtes du service d'Identification sont, à tort ou à raison, établies sans couvercle ; elles n'en sont pas moins désignées sous le nom de cabriolets.

historique judiciaire est enregistré et classé, ne font aucune difficulté pour reconnaître qu'ils ont déjà été mesurés, et en informent immédiatement les agents interrogateurs devant les bureaux desquels (b_0 *et* b_0) ils défilent successivement.

L'ordre alphabétique permettant de retrouver aussitôt les anciennes fiches signalétiques de cette catégorie de détenus, il suffit, sans reprendre le signalement en entier, de contrôler si l'on est réellement en présence de l'individu déclaré. Pour ce faire on immobilise successivement les branches du compas d'épaisseur à l'écartement correspondant aux deux diamètres céphaliques notés sur la fiche, puis l'on s'assure que ses deux extrémités peuvent passer sur le crâne librement, mais avec le frottement voulu ; et finalement l'on constate qu'une ou deux des marques particulières mentionnées se retrouvent sur le sujet.

Les malfaiteurs changeant souvent de nom entre eux, ces constatations sont indispensables ; mais quoique limitées à deux mensurations, elles sont parfaitement suffisantes au point de vue de l'identification ; car il est évident que les repris de justice ne disposent pas du répertoire anthropométrique pour y choisir l'état civil d'une personne présentant approximativement leurs diamètres céphaliques.

L'agent qui s'est livré à ce contrôle, en porte la mention abrégée (*idf*). au dos de la fiche, en la faisant précéder de la date de l'opération et en signant le tout de l'initiale de son nom.

Quand il s'agit d'un jeune homme dont la croissance a pu altérer quelques mensurations, ou d'un sujet adulte récidiviste n'ayant encore subi qu'*une* arrestation antérieure, mais dont il importe d'autant plus de conserver un signalement incontestable que l'état de récidive fait présumer un futur malfaiteur d'habitude, la mention *idf.* est remplacé sur la fiche par celle de *vrf.* (vérifié), qui signifie qu'en outre de l'identification ordinaire il a été procédé sur lui à une *vérification* complète du premier signalement. Les chiffres anciens reconnus erronés sont biffés et remplacés par les nouveaux, sans surcharge ni grattage. On fait à la suite de ceux dont l'exactitude est reconnue, un petit signe égal (=) qui constate, affirme, que la vérification a été faite.

Il va de soi que, tandis que la formalité de l'*identification* simple est renouvelée à chaque arrestation, l'identification avec *vérification* complète n'est recommencée pour l'adulte qu'à de très grands intervalles, dix ans par exemple ; les mineurs au contraire y sont soumis à chaque arrestation espacée de quelques mois (1).

La série de ces diverses mentions correspondant aux arrestations successives constitue pour le récidiviste un état de service d'un genre particulièrement peu honorable, dont le couronnement est la relégation. Exemple :

Signalement dressé le 30-7-1886, par M. G., gard[n] à Lyon

3 — 4 — 1887 — vrf. R. (le 3 du 4me mois 1887, signalement vérifié par l'agent R.)
8 — 9 — 1887 — idf. P. (le 8 du 9me mois 1886, identification par l'agent Paul).
3 — 2 — 1889 — idf. R. id. id.
12 — 3 — 1890 — idf. R. id. id.
20 — 3 — 1890 — relégué.

Il arrive assez souvent que le jour où il tombe sous l'application de cette loi redoutée, le récidiviste, sans oser contester sa personnalité présente, dénie son identité passée, et repousse les arrestations et condamnations antérieures qu'on lui attribue, en cherchant à les mettre sur le dos d'un frère ou d'un cousin disparus, ou encore d'un « Sosie » à lui inconnu.

En pareil cas, les agents signataires qui ont constaté anthropométriquement chaque présence au Dépôt sont tout dé-

(1) Le mot d'identification n'est pas d'un emploi courant dans la langue usuelle. Voici néanmoins un exemple emprunté aux chroniques si littéraires d'Anatole France qui justifie pleinement l'acceptation administrative :

« Par une identification très légitime, M. Vacquerie, dans le poème de *Futura*, mêle en une seule personne le docteur Faust et l'orfèvre Jean Fust qui, associé à Gutenberg, publia en 1457 le Psautier de Mayence. » (La vie littéraire. Temps du 13 avril 1890.)

De pareilles identifications peuvent être « très légitimes » en littérature ; mais il n'en saurait être de même en justice, lorsqu'il s'agit de deux malfaiteurs cherchant à se faire passer l'un pour l'autre.

signés pour porter devant la Justice ces documents démonstratifs. Le fait que les tribunaux correctionnels sont quelquefois appelés à prononcer des peines très graves sur la présentation de documents de ce genre, justifiera aux yeux de nos lecteurs les explications un peu techniques dans lesquelles nous avons cru devoir entrer.

Que le récidiviste soit l'objet d'une vérification complète, ou d'une simple identification, il est, aussitôt l'épreuve terminée, renvoyé dans la première salle, ou il se rhabille, pour être ensuite redescendu au Dépôt.

Ne pénètrent dans la 3me pièce que les nouveaux-venus, ou les récidivistes qui, dissimulant leur identité, se donnent comme nouveaux.

Après avoir attendu quelques instants assis sur un banc situé à côté de la porte d'entrée, ils sont appelés successivement, à mesure qu'il se produit une vacance, à l'un des trois ateliers de mesurage M_1, M_2, ou M_3 (*Pl. I et III*).

C'est le même agent qui relève sur eux : 1° les renseignements, anthropométriques ; 2° les caractères descriptifs ; 3° les marques particulières. Il est assisté d'un secrétaire (b_1, b_2, b_3,) qui écrit sous sa dictée. L'aide de cet écrivain, en le dispensant d'avoir à lâcher continuellement l'instrument pour prendre la plume et inversement, diminue grandement le nombre des erreurs, tout en rendant l'opération plus de deux fois plus rapide.

Le relevé des marques particulières et des caractères descriptifs est libellé suivant un vocabulaire déterminé, coulé dans un moule uniforme, ce qui permet de l'écrire sous la dictée au moyen d'abréviations, réduites pour la plupart à l'initiale du mot, ou même à des signes conventionels. C'est ainsi, par exemple, que le mot *cicatrice* est représenté par les lettres *cic* et le mot *oblique* par un simple *b*; *c* signifie *courbe*, et la lettre *r rectiligne* ; α se lit *antérieur*, et ρ (le rho grec) *postérieur* ; ε *externe* et ι *interne*; *f* se lit *phalange* ; chaque doigt de la main est représenté par son initiale en majuscule etc.

Supposons une marque libellée ainsi: *cicatrice rectiligne*

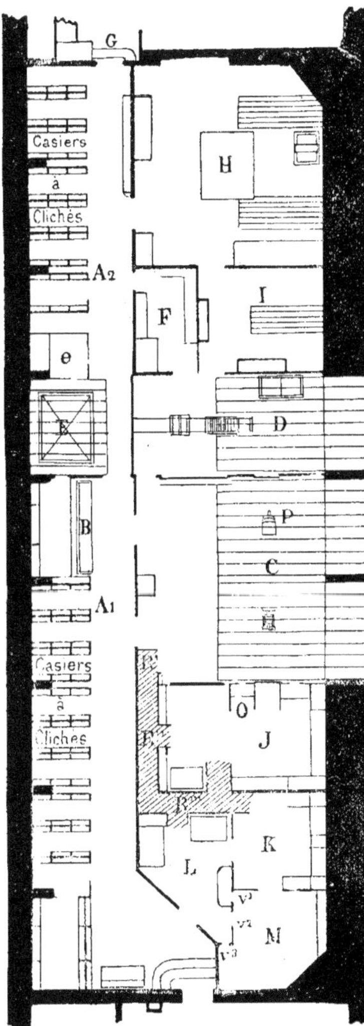

Plan des ateliers et laboratoires de photographie judiciaire de la Préfecture de police(échelle 5mm par mètre).

A_1 A_2, couloir central desservant à gauche les Archives et casiers à clichés et à droite les différents laboratoires. *B*, banc d'attente des détenus. *C*, atelier de pose et *P*, chaise de pose. *D*, atelier et appareils spéciaux pour la reproduction des documents. *E*, vitrage pour les tirages au papier albuminé, *e*, guérite du tireur. *F*, chambre de sensibilisation. *G*, laboratoire de virage, fixage et lavage des épreuves. *H*, collage et satinage. *I*, accessoires, vitrine à objectifs, chambres diverses, etc. *J*, laboratoire obscur de développement. *K*, *L*, *M*, idem pour papier positif au gelatino-brumure. V_1, V_2, V_3, installations spéciales pour les tirages ultra-rapides. *O*, guérite et tiroir à va-et-vient pour le chargement des châssis négatifs *R' R'' R'''* couloirs à circuits coudés et à parois noircis permettant de passer d'un laboratoire dans un autre sans avoir de porte à ouvrir.

(Gravure extraite de la *Photographie judiciaire*, par Alphonse Bertillon, in-18 jésus avec 25 gravures dont 8 planches hors texte en phototypie. — Paris, Gauthier, Villars et fils, 1890. Prix 3 fr.).

Planche II

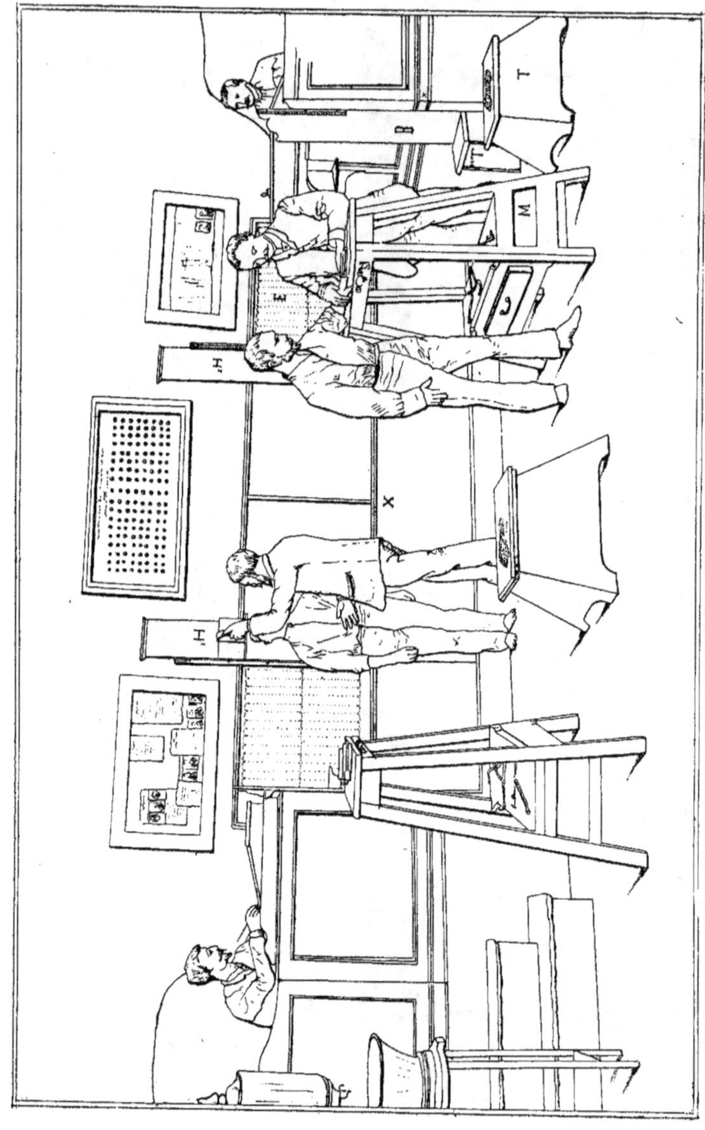

Planche III — Atelier de mensuration : H Toise pour taille. — E Graduation d'envergure. — B et T Tabouret et graduation pour buste — T Tabouret pour pied. — M Tréteau pour coudée.

d'une dimension de I centimètre, oblique externe, sur le milieu de la deuxième phalange du médius gauche, face postérieure; elle se réduira en la ligne suivante:

cic. r. de 1 *b* ε, *ml.* 2e *f. M. g.* ϱ

On comprend que l'usage journalier de ces signes sténographiques, donne à l'écriture une rapidité égale et même supérieure à la parole. Les agents qui s'en servent vont même jusqu'à déclarer que la lecture en est plus rapide et l'interprétation plus facile que celles de l'écriture ordinaire. Un apprentissage de quelques jours suffit pour arriver au maximum de vitesse, ce qui s'explique aisément par ce fait que les mouvements réflexes entre la parole et l'écriture, si longs à établir, que leur parachèvement nécessite plusieurs années d'école, sont conservés ici, grâce aux lettres initiales; au lieu d'être détruits et remplacés par d'autres, comme dans les méthodes de sténographie ordinaire.

Ces signalements doivent tous être recopiés : *à Paris, à un exemplaire* pour la collection anthropométrique (la fiche brouillon étant conservée pour la collection alphabétique) ; *en province à deux exemplaires* pour la collection centrale de Paris; *à Lyon* et *à Marseille* enfin, qui possèdent un service et des répertoires identiques à ceux de Paris, *à trois exemplaires* (un pour la collection de la ville, et deux pour Paris). Rien d'étonnant dès lors à ce que l'application méthodique de cette écriture cursive économise chaque jour en toute la France plusieurs centaines d'heures de travail.

Ajoutons que, toutes les initiales employées étant, à quelques exceptions près, communes au latin et à l'anglais en même temps qu'au français, ces signes ont une valeur internationale en quelque sorte idéalogique.

Le relevé du signalement terminé, les détenus sont envoyés individuellement, leur fiche signalétique à la main, devant le brigadier de la section anthropométrique qui se tient généralement en *SS*, au centre des armoires de la classification anthropométrique (*Pl. I* et *IV*). Cet employé, d'une remarquable sûreté de coup d'œil, s'assure qu'aucune indication n'a été oubliée et parcourant rapidement le verso de la fiche consacré à l'état civil et aux renseignements connexes, il les complète au besoin. Sa fonction la plus délicate, sur le compte de laquelle nous reviendrons, consiste à séparer les signalements des personnes arrêtées réellement pour la première fois et justifiant de leur identité d'une façon indiscutable, de ceux dont l'état-civil, paraissant tant soit peu sujet à caution, sera l'objet de recherches dans l'après-midi (1).

Quant aux détenus, ils achèvent leur cycle en retourant s'habiller dans les stalles de la salle *A*, d'où un certain nombre d'entre eux sont conduits par l'escalier E_3 à l'étage supérieur qui contient les ateliers de photographie judiciaire (*Pl. II*).

L'anthropométrie suffisant parfaitement, comme on sait, pour assurer en cas de récidive l'identification de tout individu mesuré à l'âge adulte, la Préfecture de police ne fait photographier d'office que les mineurs de 21 ans. Passé cet âge, ne sont conduits à l'atelier que les prévenus dont la justice ou la police ont intérêt à se procurer un portrait, soit pour faciliter et hâter l'instruction, soit dans un but de sûreté générale.

En plus de ses 26 stalles, la pièce *A* contient un bureau pour le chef de gardes municipaux et vis-à-vis, entre les escaliers E_1 et E_2, un « garage » *G* où se rangent les sujets dont l'examen est entièrement terminé. La consigne est de réintégrer au Dépôt les bandes ainsi formées aussi tôt qu'elles atteignent le chiffre de six individus.

Comme on voit, la séparation entre les détenus n'est pas

(1) Voir dans les *Archives* du 15 mars 1888 le rapport de M. Alphonse Bertillon « sur le fonctionnement du service des signalements anthropométriques », et notamment, pages 143, les caractères distinctifs du récidiviste sous faux nom.

Consulter également : *La photographie judiciaire* par Alphonse Bertillon ; in-18 jésus avec 25 figures dont 8 planches phototypiques (Paris 1890, Gauthier-Villars et fils. Un vol. 3 fr.).

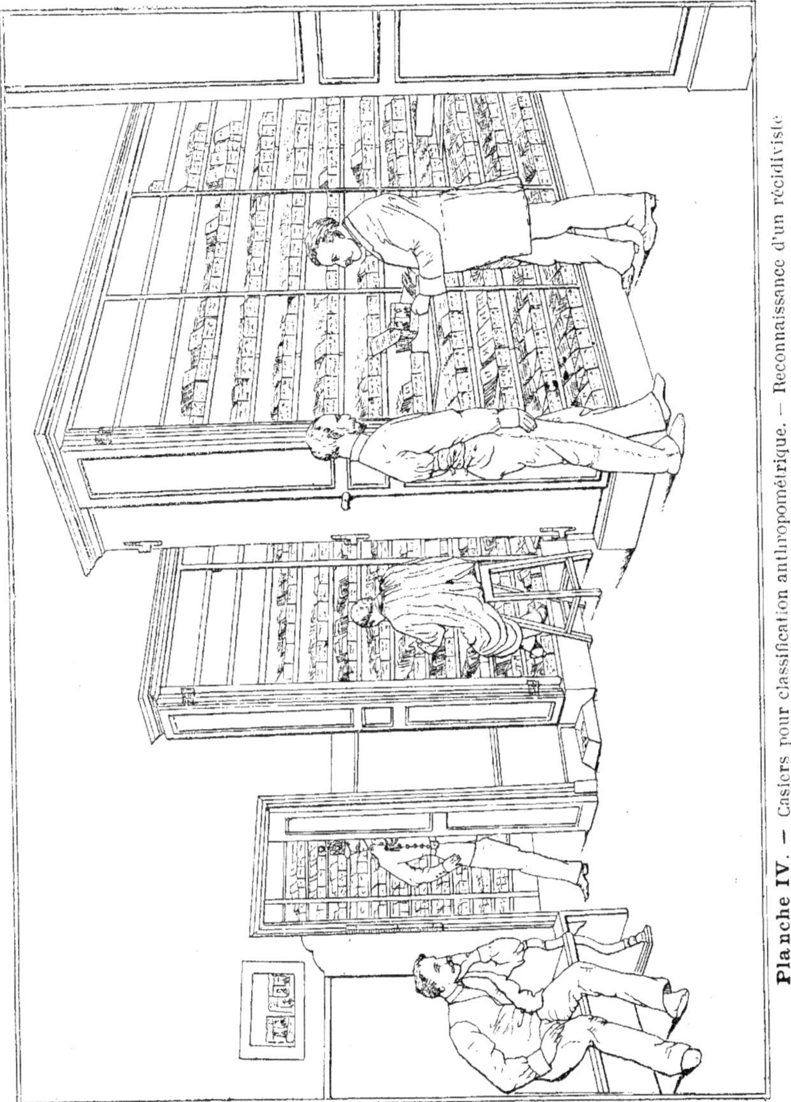

Planche IV. — Casiers pour classification anthropométrique. — Reconnaissance d'un récidiviste ayant pris une fausse identité.

absolue. Aussi la direction du Dépôt a-t-elle soin de livrer dans des escouades différentes les individus arrêtés le même jour pour la même » affaire ». Les personnes réunies ainsi par le hasard ne se connaissent donc pas et n'ont pas le temps matériel de faire connaissance pendant les quelques minutes qui séparent les opérations d'anthropométrie de celles de photographie, ou la montée ou la descente des escouades, etc. De grandes inscriptions murales rappellent d'ailleurs aux détenus que toute conversation est interdite. Néanmoins les individus mis au secret, ou arrêtés pour des délits très graves, ou signalés comme dangereux ou *intéressants* à quelque titre que ce soit, sont extraits un à un du dépôt dans l'après-midi.

Nous ajouterons, pour compléter cette description des locaux du service d'identification que l'entrée officielle des bureaux est de l'autre côté, à l'extrémité de la galerie X_1, X_2. L'escalier E le relie à l'escalier des appels corectionnels et à la *galerie neuve de la Sainte-Chapelle.* L'escalier E_4 qui fait suite au précédent permet également de gagner les ateliers de photographie sans avoir à traverser les salles de mensuration.

A côté, en *Y*, nous remarquons le bureau du brigadier de la section de photographie, qui centralise toute la correspondance et la comptabilité du service d'identification (1), et en Z_1 et Z_2 le bureau et le laboratoire particuliers de M. Alphonse Bertillon.

II. — Modifications apportées au manuel opératoire de chaque mensuration.

Le *modus operandi* de chaque mensuration n'a pas subi depuis 1885, date de la première édition des *Instructions*

(1) Un arrêté de M. Bourgeois en date du 1r février 1888 a placé l'anthropométrie et la photographie sous une direction unique. Ce sont ces deux branches naturellement réunies par une communauté de but, sinon de moyen, qui, sous les rubriques de première et deuxième section, constituent *le Service d'identification.*

signalétiques, des modifications de principe entraînant des changements dans les résultats (1).

Les petits perfectionnements introduits ont eu uniquement pour but de limiter au minimum les erreurs dont chaque mensuration est toujours plus ou moins susceptible. C'est ainsi que les toises ordinairement employées à la mensuration de la taille ont été remplacées par un mètre ordinaire, rigide, d'une valeur de 50 centimes peut-être, fixé au mur à la hauteur d'un mètre au-dessus du sol (*Pl. III.* H_1 et H_2). Le sujet à mesurer est adossé non pas rigoureusement contre la toise, mais à côté de la graduation, sur laquelle la hauteur de la taille est projetée au moyen d'une équerre spéciale à deux plans, qui a la forme d'un livre à moitié ouvert. Cette équerre est entièrement mobile, et c'est la main de l'opérateur qui est chargée de la diriger sur la tête du sujet en la maintenant exactement plaquée à la fois contre le mur et contre l'arête saillante du mètre.

L'expérience a montré que cette installation primitive donnait de meilleurs résultats que les toises branlantes et coûteuses en usage dans les conseils de révision, par exemple. La position du sujet adossé contre la surface plane et inébranlable de la muraille permet à l'opérateur d'exercer sur le premier des manœuvres de redressement plus efficaces.

La mensuration de la hauteur du buste est relevée d'après le même principe au moyen de la même équerre, mais sur une toise spéciale graduée de 0^{m}70 à 1^{m}20 (*Pl. III. B*).

Les graduations (*E*) pour la mensuration de l'envergure sont également appliquées au mur. Elles commencent virtuellement et symétriquement au tasseau du milieu *X*, contre lequel le sujet doit venir buter l'extrémité du doigt médius quand il étend horizontalement les bras en croix. La longueur se lit à

(1) Ajoutons à ce sujet que le Conseil général de la Seine vient, sur la proposition de MM. Bompart et Guichard, de voter une subvention pour la réimpression d'une nouvelle édition corrigée des *Instructions signalétiques* de M. Alphonse Bertillon (mars 1889).

l'extrémité du médius opposé, au moyen d'une graduation centimétrique, disposée verticalement de façon à s'adapter à toutes les tailles. Cette dernière ne commence que passé la toise qui, elle même, est placée à un mètre juste du tasseau d'origine.

Cette disposition a l'avantage, pour les recherches scientifiques, de permettre de mesurer au moyen de cette même graduation les envergures des enfants inférieures à un mètre ; il suffit pour cela de prendre comme point de départ la saillie du mètre de taille, au lieu et place du tasseau médian.

Les graduations et les chiffres sont tracés à la plume sur des feuilles de papier quadrillé, format grand aigle, en vente dans le commerce. Ce papier, comme le pan de la muraille qui y fait suite, sont protégés contre les détériorations par une glace sans tain.

Signalons encore une espèce de grand tréteau (*M*), de 1^{m}19 de haut supportant supérieurement une tablette de 0^{m}80 de long sur 0^{m}25 de large qui sert de surface d'applique pour la mensuration de la coudée.

L'emploi de ce meuble a eu cette conséquence importante de diminuer de plus de moitié l'étendue des erreurs de mensuration dont la coudée était antérieurement entachée, et par suite de doubler le nombre de sujets qu'elle est susceptible de différencier. — Une tablette inférieure recouvre un tiroir, où l'on peut, la séance terminée, ranger les instruments.

Enfin ce tréteau est muni en haut et sur le côté, d'une poignée qui permet au sujet de garder l'équilibre quand, pour la mensuration du pied, il doit monter, d'une seule jambe, sur le petit tabouret (*T*). C'est ce même tabouret qui sert de siège au détenu pendant la mensuration des diamètres de la tête et du pavillon de l'oreille.

III. — Choix et direction du personnel.

La journée de travail des agents mensurateurs est de huit heures, divisée en deux séances de quatre heures ; la première s'étend de 8 heures du matin à midi ; la deuxième de 2 heures à 6 heures. Les deux heures d'intervalle de l'après-midi sont attribuées au déjeuner que ces agents, presque tous mariés, vont prendre chez eux.

La séance du matin se compose elle-même de trois périodes distinctes : la première demi-heure est consacrée à la rédaction des bulletins nominatifs d'extraction que les gardes municipaux chargés de la conduite des détenus laissent à la prison du Dépôt en échange de chaque détenu. Ces bulletins sont confectionnés d'après une liste nominative de tous les individus incarcérés au Dépôt pendant les 18 heures précédentes. La séance de mensuration proprement dite commence vers 8 heures 1/2 par l'examen des femmes. Ne sont mesurées que les 6 à 10 au plus qui sont arrêtées quotidiennement pour vol ou délit grave. Le relevé des marques particulières est limité en ce qui concerne ces dernières, à l'examen des mains et de la figure. Les prostituées, *soumises* ou *insoumises*, arrêtées par le service des mœurs, restent entièrement en dehors des opérations du service qui n'a pas à les examiner et n'est pas responsable des falsifications d'identité qu'elles peuvent commettre.

Vers 9 heures commence l'examen de tous les hommes arrêtés pour délit de droit commun. Peuvent être exemptés les délits se rattachant à la politique ainsi que les cas d'adultère, séduction et autres de même genre pour lesquels cette formalité n'aurait pas de raison d'être.

L'opération exécutée à deux (c'est-à-dire avec l'aide d'un secrétaire) réclame : 3 minutes environ pour le relevé des mensurations proprement dites, plus 3 à 5 minutes pour celui des marques particulières, soit 7 à 8 minutes pour la formalité entière. Autrement dit, une équipe bien dressée mesure toujours plus de six sujets par heure, et il faut un ensemble de circonstances favorables pour qu'elle atteigne un rendement de dix.

La moyenne produite par chaque toise peut donc osciller

entre 20 et 25 bertillonages de sujets mâles par matinée, ce qui donne un produit de 60 à 75 examens pour les trois toises réunies, nombre auquel il conviendrait d'ajouter les 40 à 50 identifications de récidivistes effectuées dans la pièce de la classification alphabétique, plus la dizaine de femmes examinées au début, pour obtenir la somme totale de 100 à 150 arrestations quotidiennes.

Les quatre heures de l'après midi restent employées à la confection des copies destinées à la classification anthropométrique, au classement des 2,000 à 3,000 signalements envoyés chaque mois des départements à la collection centrale, et à la recherche dans les répertoires de l'identité des prévenus signalés comme dissimulant leur véritable nom. Ce dernier genre de travail a été plus que doublé depuis un an par les demandes de plus en plus nombreuses envoyées par les Parquets de province.

Le nombre des agents officiellement attribués au service anthropométrique a varié. Il est actuellement de huit, auxquels viennent s'ajouter dans la matinée deux auxiliaires empruntés à la section photographique pour aider l'agent chargé de l'identification des récidivistes, dans la recherche des anciens signalements du répertoire alphabétique.

La question du choix et de la direction du personnel a toujours une grande importance : pour ce travail *tout de minutie* elle en a une capitale.

La principale objection qu'on faisait à M. Bertillon lorsqu'en décembre 1879 il proposa son système à la Préfecture de police de Paris, reposait sur la difficulté de trouver des agents suffisamment instruits et consciencieux pour l'appliquer. La même crainte était formulée par le gouvernement impérial de Russie lorsqu'au commencement de cette année il envoyait en mission à Paris un de ses meilleurs officiers de police, M. Tschapline, pour en étudier le fonctionnement. L'expérience a dû lui prouver depuis, que cette difficulté était facilement surmontable, puisque l'anthropométrie judiciaire y est aujourd'hui officiellement installée. En ce qui regarde la France, l'application complète poursuivie à Lyon et à Marseille depuis 1886 sous la ferme direction de MM. les directeurs de prison Raux et Brun, a démontré amplement que des gardiens de prison intelligents arrivaient parfaitement à se rendre maîtres de la méthode, *à la condition qu'ils fussent dressés personnellement par un agent déjà au courant.*

Les premières expériences faites à Paris en 1882 ayant été dirigées par la Préfecture de Police, alors sous l'administration de M. Camescasse, Préfet, et de M. Vel-Durand, Secrétaire Général, ce furent des agents de la sûreté que l'on chargea de cette besogne.

La façon dont l'administration entretient leur zèle a été racontée par M. Hugues le Roux dans *Le chemin du crime* (1) et par M. Ed. de Ryckère dans un travail très remarquable sur l'Anthropométrie publié cette année même dans le *Journal des Parquets*. Elle est assez curieuse pour être rapportée, d'autant plus que nous la croyons susceptible d'une applicatiou plus générale.

Un arrêté du Préfet de Police de juillet 1844, remanié en septembre 1886, attribuait une prime de cinq francs à tout gardien de prison ou agent de police qui reconnaissait un repris de justice se cachant sous un faux nom, quelle que fût la gravité du délit qui eût amené sa nouvelle arrestation. On effectuait de cette sorte de quinze à seize cents reconnaissances annuelles pour une somme de sept à huit mille francs; et pourtant la justice et la police étaient d'accord pour reconnaître que nonobstant ces dépenses, près de la moitié des récidivistes sous faux noms réussissaient à échapper à toute reconnaissance.

Mais, inconvénient tout aussi sérieux, l'allocation de cette

(1) Page 263. — Paris, Victor Havard, 1889. — Voir également une chronique du *Temps* de la même année.

prime corrompait le personnel. « Un ancien employé des « prisons de la Seine m'a souvent affirmé, écrivait M. Bertillon « dans la *Revue politique et littéraire* du 28 avril 1883, « que cette allocation de cinq francs est une source continuelle « d'abus et nécessite une surveillance de tous les instants. « Elle suscite l'esprit de lucre du personnel, et en vertu de ce « dicton « que l'on ne prend pas les mouches avec du vinaigre », « le pousse à se mettre avec les prévenus sur un pied d'inti- « mité, à les tutoyer, etc., ce qui ne doit pas être dans leur « rôle. »

Des accusations bien plus graves avaient même été portées. Hugues le Roux raconte que les gardiens de prison tentés par cette gratification, demandaient aux vagabonds leur véritable nom et les engageaient à le cacher aux magistrats. « C'était « affaire à eux de révéler sans difficulté une identité qu'on ne « leur avait pas célée. Le prévenu et le gardien partageaient « les cinq francs à la sortie. » De là, à leur conseiller d'avance de donner un faux nom, à leur prochaine arrestation, il n'y avait qu'un pas, souvent franchi.

La situation appelait visiblement une réforme. Mais on ne pouvait guère proscrire ces procédés empiriques et vicieux, qu'à la condition de les remplacer par d'autres à l'abri de tout reproche.

Au début des opérations d'anthropométrie, l'allocation de la prime de cinq francs avait eu l'avantage de stimuler le zèle des agents mensurateurs en les intéressant personnellement aux résultats que le système commençait à produire. Enfin les quelques centaines de francs ramassés ainsi annuellement contribuaient en partie à remplacer les indemnités diverses allouées par la chancellerie pour prime de capture, exécutions de mandats, etc., auxquelles ils auraient été appelés à participer dans leur service ordinaire. On sait combien le traitement fixe de l'inspecteur de police est insuffisant. Mais lorsqu'au bout de quelques années le service spécial, installé sur des bases définitives, eut à sa disposition des archives signalétiques à peu près complètes, contenant l'ensemble de la population criminelle, l'allocation de la prime telle qu'elle était réglementée, perdit une partie de sa raison d'être.

Les gardiens de prison qui cherchaient à faire de prétendues reconnaissances aussitôt les prévenus écroués au Dépôt, c'est-à-dire avant l'examen anthropométrique, exerçaient une concurrence fâcheuse dont l'Administration ne tirait plus aucun bénéfice; puisque les « reconnaissances » ainsi faites auraient été immanquablement signalées quelques heures plus tard par les inspecteurs attachés à l'anthropométrie. Dans les statistiques officielles de la justice criminelle, les fausses reconnaissances du Dépôt masquaient les résultats obtenus scientifiquement par l'identification anthropométrique qui ne pouvait que souffrir de cette confusion quelque peu compromettante.

D'un autre côté il était à craindre que la suppression pure et simple de l'arrêté, en désintéressant complètement les gardiens, ne les amenât à négliger de signaler les cas échappant aux agents anthropomètres qui eux, de leur côté, se seraient vus privés d'un stimulant et d'un supplément indispensable d'appointement.

Un arrêté en date du 1er février 1888, pris par M. Bourgeois pendant le court séjour qu'il fit à la Préfecture de police, sur la proposition de M. Lépine, secrétaire général, a concilié de la façon la plus heureuse ces intérêts en apparence contradictoires.

Ne sont plus maintenant susceptibles de primes que les reconnaissances faites *après* l'examen anthropométrique, c'est-à-dire les reconnaissances ayant échappé au service spécial.

Par contre le montant de ces allocations est porté de cinq à dix francs.

En compensation des primes auxquelles les agents anthropomètres cessent d'avoir droit, il leur est alloué une gratification trimestrielle de 1,200 francs qui est intégralement répartie entre eux après déduction des primes payées aux gardiens de prison signalant une reconnaissance manquée.

Ce qui revient à dire, sous une forme moins administrative, que les agents anthropomètres prennent la charge, moyennant 4,800 francs (ou quatre fois 1,200 francs) par an, du payement des primes de reconnaissances de valeur double qui, antérieurement, coûtaient de sept à huit mille francs. — Une partie des économies ainsi réalisées chaque année a été employée à couvrir les frais de bureau du service.

Par cette combinaison, chaque mensurateur continue à être intéressé à sa besogne puisqu'il est toujours exposé à ce qu'une erreur de sa part se traduise en une amende personnelle de dix francs (1). Mais la fixité initiale de son allocation détourne jusqu'au soupçon d'une manœuvre déloyale de sa part; il cesse d'être intéressé à la multiplicatiou des dissimulations d'identité; toute son affaire est de ne pas en laisser échapper au travers de ses filets.

Quant au gardien, il voit sa prime doublée; on lui impose seulement la condition qu'elle soit utilement gagnée. Toute négligence sera signalée, on peut compter sur lui.

Pour apprécier l'efficacité de l'identification anthropométrique, aucun point n'est plus intéressant à élucider que la proportion des erreurs commises depuis la mise en vigueur de ces nouveaux arrêtés.

Chaque lapsus se transformant en une pièce de comptabilité est immanquablement enregistré. La dissimulation d'un « raté » devient administrativement impossible. Or, nous voyons dans l'annuaire statistique de la ville de Paris paru en 1889, que sur un ensemble de plus de 600 reconnaissances signalées dans l'année par le service spécial (voir la *Pl. V*), le nombre des échecs ne s'est élevé qu'au chiffre de 14, sur lesquelles dix se rapportent à des individus qui, n'ayant jamais été mesurés antérieurement, ne pouvaient être reconnus par le service.

(1) En réalité, cette amende est soldée moitié par l'agent et moitié par la masse commune, afin que rien de ce qui intéresse le service ne soit étranger à chacun.

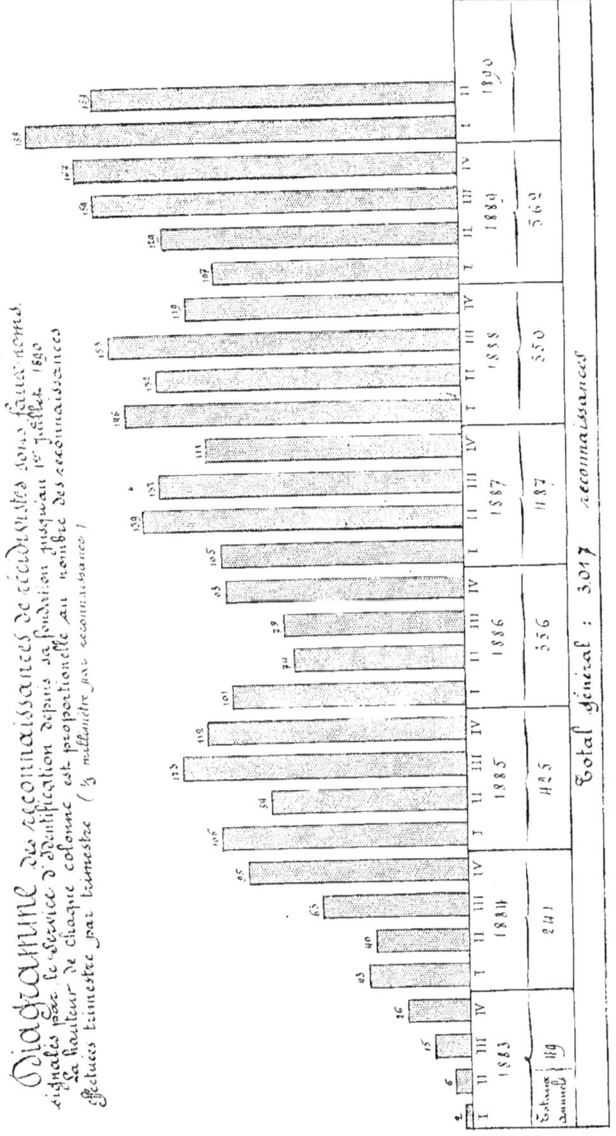

Planche V

(D'après les bulletins mensuels de statistique municipale de la ville de Paris)

Restent quatre omissions à répartir sur les 31,000 individus examinés dans l'année entière. C'est presque l'infaillibilité!

On nous a montré d'ailleurs que ces quelques erreurs ne correspondent presque jamais à des malfaiteurs spécialement signalés à l'examen anthropométrique par une note des autorités judiciaires ou administratives. Quand on remonte jusqu'à la cause originelle, on voit qu'il s'agit presque toujours de quelque vagabond sans importance qui, arrêté par exemple un jour de râfle dans les carrières d'Amérique, réussit à se faufiler au milieu de la foule sans attirer l'attention, sans être recherché (voir page 484). Ce sont là des omissions plutôt que des échecs.

Car, ainsi que nous l'indiquions plus haut, si le personnel d'agents peut arriver à *mesurer* tous les *arrêtés* de chaque jour, il ne saurait suffire à la recherche de tous leurs signalements dans le répertoire anthropométrique. Un choix, en partie laissé au flair professionnel, s'impose. La proportion des reconnaissances *manquées* qui ont été signalées jusqu'à ce jour, est trop faible pour motiver de ce chef une augmentation de personnel.

L'arrêté de M. Bourgeois, remplaçant les primes par une allocation fixe commune à tout le service, a d'ailleurs eu sur le nombre et l'activité des employés une conséquence peut-être inattendue, mais, à coup sûr, profitable.

Ici, contrairement à ce qui se passe pour les administrations publiques en général, les commis ont un avantage permanent à être le moins nombreux possible, pour toucher une plus grosse part des 4,800 francs supplémentaires.

A tort ou à raison, on a souvent accusé les bureaux de faire la boule de neige. Il est certain qu'on a trop l'habitude de mesurer l'importance d'un chef de service au nombre de ses employés, pour qu'il ne soit pas tenté, l'occasion aidant, de pousser à l'augmentation de ce nombre. Il est d'ailleurs assuré d'avance d'être appuyé dans cette voie par tout son personnel, dont l'avantage bien évident est d'être le plus nombreux, afin d'être le moins occupé. Puis une augmentation du nombre des commis n'entraîne-t-elle pas à la longue une augmentation proportionnelle dans le cadre des commis principaux et sous-chefs, d'où les espérances d'avancement, etc.

Dans l'essai tenté par M. Bourgeois, fau contraire, les intérêts du chef de service, qui n'a aucune part proportionnelle à toucher, sont en opposition avec ceux de ces agents. Si, pour faciliter l'expédition journalière de l'ouvrage, il cherche à augmenter au-delà du strict nécessaire le nombre de ses employés, il se heurtera de leur côté à une opposition intéressée qui sera puissante parce qu'elle sera fondée en droit.

Par contre, le travail attardé vient-il à s'accumuler, le nombre des employés apparaît-il comme manifestement insuffisant, l'administration supérieure, mise au courant de la situation, ne fera aucune difficulté pour accéder à la demande du chef sollicitant une augmentation de personnel. Le fait brutal de la non-expédition quotidienne des affaires coupera court à toute réclamation des intéressés.

L'historique des variations du personnel anthropométrique est la preuve expérimentale de la justesse de ce raisonnement.

« Au nombre de dix au moment de la rédaction de l'arrêté, « ils demandèrent aussitôt après et obtinrent facilement le « déplacement de deux d'entre eux, les moins capables « assurément qui mangeaient inutilement au gâteau. Quelques « mois plus tard ils tentèrent la même manœuvre, avec le « même succès, pour un autre; mais l'expérience de quelques « semaines suffit pour prouver qu'ils avaient trop présumé de « leurs forces, et la réintégration d'un nouvel agent leur fut « imposé (1) ».

Nous ne nions pas que cette *admission au partage des bénéfices* ne puisse quelquefois avoir comme conséquence d'aigrir quelque peu les rapports entre collègues du même service. Mais il est évident que l'intérêt public n'a rien à voir

(1) Hugues Le Roux, ouv. cit. p. 265.

à des questions de ce genre. La concurrence professionnelle, indispensable aux progrès de l'industrie et du commerce, n'a pas, que nous sachions, banni la politesse des syndicats.

Sous tous les rapports et sans nulle exagération, on peut assimiler le système de MM. Léon Bourgeois et Lépine à celui de la sélection naturelle par la limitation des subsistances.

N'est-ce pas que l'adaptation à un milieu administratif, de la grande loi *darwinienne* qui domine toute l'histoire naturelle, est une expérience sociologique intéressante et bien d'actualité (1) ?

---

(1) Ce mémoire sera suivi, aussitôt que l'étendue des documents réunis le permettra, d'une étude parallèle : 1° sur l'organisation de l'anthropométrie dans les prisons des départements et des colonies françaises; 2° sur les points de dissemblance et d'analogie que présentent les services d'identification criminelle établis à l'étranger, soit d'après la méthode Bertillon, soit d'après les anciens errements.

Nous prions instamment nos correspondants français et étrangers de vouloir bien adresser au siège de la rédaction des *Archives* (laboratoire de médecine légale de Lyon), les documents administratifs y relatifs (décrets, arrêtés, circulaires, etc.) susceptibles d'être publiés *sans indiscrétion*, ainsi que leurs suggestions personnelles.

www.ingramcontent.com/pod-product-compliance
Lightning Source LLC
LaVergne TN
LVHW012103170726
843501LV00008BB/2741

* 9 7 8 2 3 2 9 6 4 6 1 9 0 *